Restaurar una
aeronave

T0141785

Ben Nussbaum

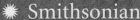
Smithsonian

Autora contribuyente

Heather Schultz, M.A.

Asesores

Russell Lee
Director, Departamento de Aeronáutica
National Air and Space Museum

Lauren Horelick, M.A.
Restauradora de objetos, Smithsonian
National Air and Space Museum

Pete McElhinney
Universidad de Bradford, UK

Anna Weiss-Pfau, M.A.
Gerenta de colecciones de arte público
y de conservación
Smart Mueseum of Art, Universidad de Chicago

Tamieka Grizzle, Ed.D.
Instructora de laboratorio de CTIM de K-5
Escuela primaria Harmony Leland

Stephanie Anastasopoulos, M.Ed.
TOSA, Integración de CTRIAMDistrito Escolar
de Solana Beach

Créditos de publicación

Rachelle Cracchiolo, M.S.Ed., *Editora*
Diana Kenney, M.A.Ed., NBCT, *Realizadora de la serie*
Véronique Bos, *Directora creativa*
Caroline Gasca, M.S.Ed., *Gerenta general de contenido*
Smithsonian Science Education Center

Créditos de imágenes: portada, pág.1 (ambas); contraportada; págs.2–3, pág.5 (ambas), pág.6, pág.8 (todas), págs.10–11 (ambas), págs.12–13 (superior), pág.14 (ambas), pág.15, pág.17 (ambas), págs.18–19 (superior), págs.21–22 (todas), págs.23–25 (superior) © Smithsonian; pág.4 David Coleman/Alamy; pág.7 Timothy J. Bradley; pág.16 (derecha) Dr. Keith Wheeler/Science Source; págs.26–27, págs.31–32 (todas) © Smithsonian, fotografía de Ben Nussbaum; todas las demás imágenes cortesía de iStock y/o Shutterstock.

Library of Congress Cataloging-in-Publication Data

Names: Nussbaum, Ben, 1975- author. | Smithsonian Institution, other.
Title: Restaurar una aeronave / Ben Nussbaum.
Other titles: Conserving an aircraft. Spanish
Description: Huntington Beach, CA : Teacher Created Materials, [2022] |
  Includes index. | Audience: Grades 4-6 | Text in Spanish. | Summary:
  "The Horten Ho 229 V3 was meant to change the outcome of World War II
  and pave the way for new, advanced German fighters. The radical plane
  never worked as planned, but it's still a fascinating and important part
  of history. Only one Horten still survives. A few years ago, it was in
  need of care. Discover how conservators saved the plane from further
  deterioration"-- Provided by publisher.
Identifiers: LCCN 2021044090 (print) | LCCN 2021044091 (ebook) | ISBN
  9781087643694 (paperback) | ISBN 9781087644165 (epub)
Subjects: LCSH: Horten 229 (Jet fighter plane)--Conservation and
  restoration--Juvenile literature. | Research aircraft--Germany--Juvenile
  literature. | Airplanes, Tailless--Germany--Juvenile literature. |
  LCGFT: Informational works.
Classification: LCC UG1242.F5 N8718 2022 (print) | LCC UG1242.F5 (ebook)
  | DDC 623.74/64--dc23/eng/20211001
LC record available at https://lccn.loc.gov/2021044090
LC ebook record available at https://lccn.loc.gov/2021044091

Teacher Created Materials

5301 Oceanus Drive
Huntington Beach, CA 92649-1030
www.tcmpub.com
ISBN 978-1-0876-4369-4

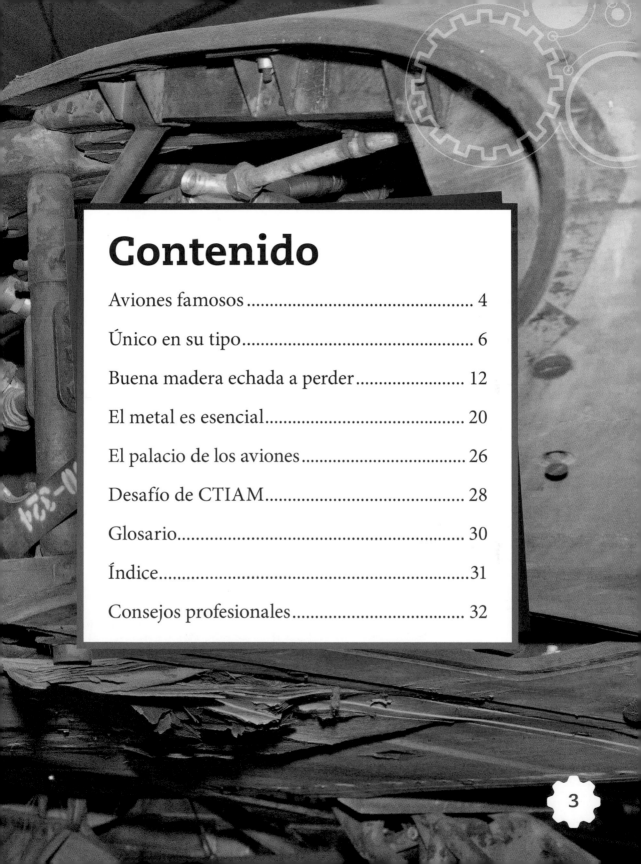

Contenido

Aviones famosos

Algunos de los aviones más asombrosos de la historia están dentro de un edificio enorme cerca de Washington D. C. El edificio es el Centro Udvar-Hazy, que es parte del Museo Nacional del Aire y el Espacio del Smithsonian. Los visitantes observan aviones de madera construidos en los inicios de la aviación. Caminan debajo de enormes aviones de propulsión a chorro y se acercan a pequeños aviones experimentales.

Decenas de aviones cuelgan del techo. Parecen estar volando. Uno de los aviones parece estar fuera de lugar. Está descolorido y abollado. Las alas están despegadas. Lo han estado reparando durante años, pero parece recién salido del depósito.

dentro del Centro Udvar-Hazy

Es el Horten Ho 229 V3. El Horten es único en su tipo. Es un sobreviviente. Tiene una historia asombrosa para contar. Hace algunos años, este pequeño avión necesitaba cuidados especiales. Un equipo de restauradores del Udvar-Hazy trabajó mucho para salvarlo. Los restauradores son personas que cuidan y protegen cosas antiguas. Para hacer ese trabajo se necesitan muchos conocimientos científicos y también mucha imaginación.

exterior del Centro Udvar-Hazy

extremo de la cola del Horten Ho 229 V3

Único en su tipo

El Horten se fabricó en la Alemania nazi durante la Segunda Guerra Mundial. Los hermanos Walter y Reimar Horten diseñaron el avión. Alemania necesitaba una nueva arma. Estaba perdiendo la guerra. El Horten fue un intento de dar vuelta el resultado. Habría sido un avión de combate con una velocidad increíble. Con él, Alemania habría controlado los cielos de Europa.

El Horten es un tipo de avión diseñado en forma de ala. Ese diseño le daba un gran potencial como arma de guerra. Pero también hacía que el avión fuera difícil de controlar. El avión no tiene **fuselaje**. El fuselaje es la parte del medio del avión. Es donde se sientan los pasajeros o se almacena la carga.

Lo que es más importante es que el Horten no tiene cola. Los aviones que no tienen cola son livianos. Atraviesan el aire fácilmente. Sin cola, los aviones vuelan más rápido y pueden mantenerse en el aire por más tiempo.

el Horten Ho 229 V3 en 1950

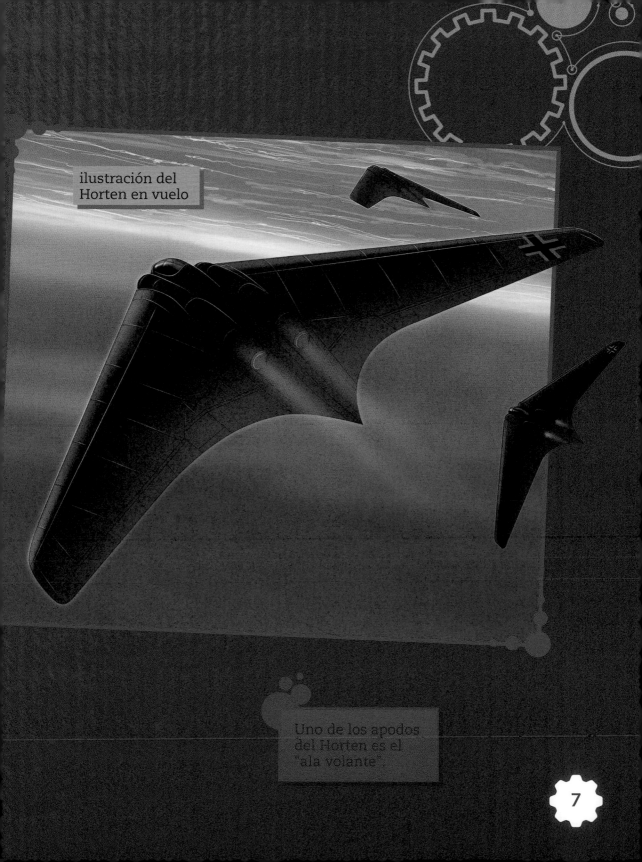

ilustración del
Horten en vuelo

Uno de los apodos
del Horten es el
"ala volante".

secciones del Horten

El problema es que la cola de un avión cumple funciones muy importantes. La parte que parece una aleta y apunta hacia arriba es el estabilizador **vertical**. Evita que el viento empuje el avión de lado a lado. Los flaps de la cola ayudan al piloto a dirigir el avión. Las dos alas que salen hacia los costados de la cola son los estabilizadores **horizontales**. Evitan que el avión se balancee hacia arriba y hacia abajo.

Los ingenieros alemanes nunca descubrieron cómo lograr que su avión sin cola pudiera controlarse bien. Pero el diseño de los Horten se acercó al objetivo más que cualquier otro. En un vuelo de prueba, el Horten sufrió daños graves al aterrizar. En otro vuelo, el avión se estrelló y el piloto murió.

En 1945, los soldados estadounidenses entraron en Alemania. Capturaron el Horten. El cuerpo del avión estaba en una ciudad y las alas estaban en otra. Las fuerzas armadas estadounidenses trajeron el avión a Estados Unidos. Por poco tiempo, se colocaron las alas en el cuerpo. Los ingenieros estudiaron la aeronave.

Luego, el avión fue desarmado y olvidado. Durante muchos años, estuvo guardado en un contenedor al aire libre. En el contenedor entró agua de lluvia, y el avión se dañó.

INGENIERÍA

A volar

El Horten es un avión con alas en forma de flecha. Las alas salen del cuerpo a cierto ángulo, y los extremos apuntan hacia la parte trasera del avión. A velocidades altas, el aire pasa tan rápido sobre las alas rectas que se generan **turbulencias**. Con las alas en flecha, el aire fluye alrededor de las alas. Parte del aire fluye sobre el ala y hacia el cuerpo del avión, mientras que el resto fluye a lo largo del borde del ala hacia la punta. Como resultado, el vuelo es más suave.

El Horten es un avión **inusual**. Cuando el equipo de restauración comenzó a trabajar en él, enfrentó un gran desafío. Normalmente, los restauradores tienen los planos originales del avión. Saben exactamente qué tipo de metal o de madera se usó. Incluso pueden hablar con las personas que construyeron el avión o que lo volaron. Pero el Horten fue construido rápidamente durante una guerra. Todos los registros se perdieron. Los constructores tuvieron que **improvisar**. No siempre tenían los materiales que necesitaban o que querían.

Antes de poder salvar al Horten, los restauradores debían descubrir cómo estaba hecho. Esa información era muy necesaria. Los guiaría en todo lo que hicieran. Así se asegurarían de tener las herramientas correctas para el trabajo.

Durante ocho meses, el equipo estudió el Horten. Hablaron sobre qué debía hacerse. Hicieron un plan. Luego, comenzaron a reparar el avión. El Horten era un desafío por otra razón. Como es el único Horten Ho 229 V3 que existe, el equipo no quería hacerle muchos cambios. En lugar de reemplazar la madera y el metal desgastados, debían recuperarlos.

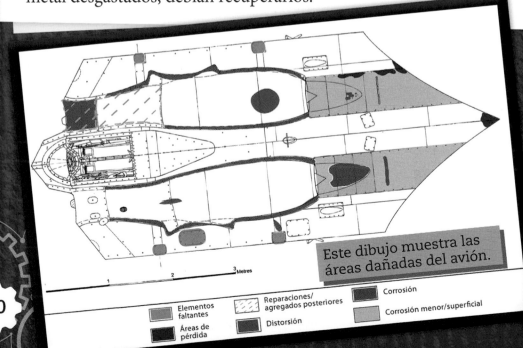

Este dibujo muestra las áreas dañadas del avión.

Elementos faltantes	Reparaciones/ agregados posteriores	Corrosión
Áreas de pérdida	Distorsión	Corrosión menor/superficial

paneles del avión
antes de ser tratados

Hacer que lo nuevo parezca viejo

Los restauradores querían mantener todas las partes originales del avión que pudieran. Hasta lograron conservar la pintura que estaba astillada y descolorida. Eso generó un problema cuando se añadieron partes nuevas para reemplazar las que estaban podridas. Hubo que pintarlas para que parecieran astilladas y descoloridas y no desentonaran con las partes viejas.

Buena madera echada a perder

La mayor parte de la superficie, o revestimiento, del Horten está hecha de madera contrachapada. La madera contrachapada no crece en la naturaleza. Se fabrica pegando delgadas capas de madera unas sobre otras. Cada capa se llama lámina.

La madera contrachapada es algo común, pero no en los aviones. En la Segunda Guerra Mundial, la mayoría de los aviones eran de aluminio o de acero. Nadie sabe bien por qué los constructores del Horten usaron madera contrachapada. Pudo haberse debido a la escasez en tiempos de guerra. Pudo haber sido porque se trataba de un avión experimental y la madera contrachapada era suficiente para una versión de prueba.

La madera contrachapada tiene algunas ventajas. Las láminas individuales son tan finas que se pueden curvar. Al ponerlas una sobre otra, los constructores pueden crear formas complejas.

La madera contrachapada es resistente. Eso se debe al modo en que se colocan las capas. La parte más débil de la madera está a lo largo del veteado, las líneas onduladas que ves en cualquier madera. En la madera contrachapada, la dirección del veteado **se alterna** en cada lámina. Es vertical en una capa y horizontal en la otra.

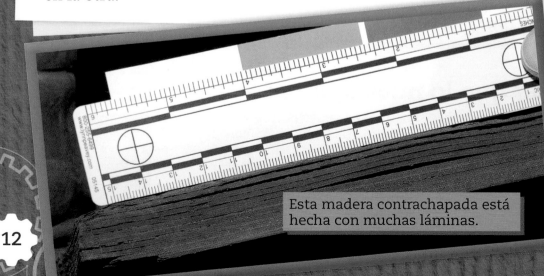

Esta madera contrachapada está hecha con muchas láminas.

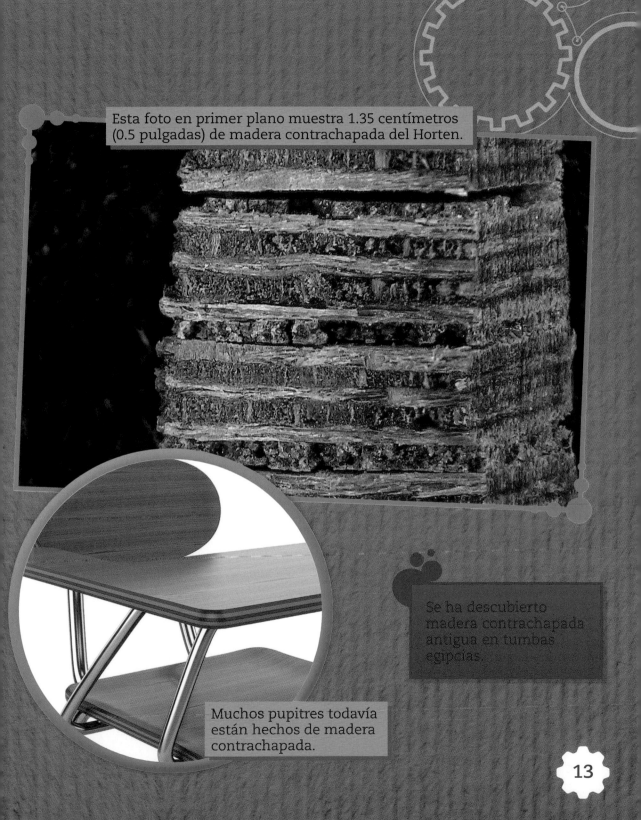

Esta foto en primer plano muestra 1.35 centímetros (0.5 pulgadas) de madera contrachapada del Horten.

Muchos pupitres todavía están hechos de madera contrachapada.

Se ha descubierto madera contrachapada antigua en tumbas egipcias.

Los restauradores estudiaron con cuidado la madera contrachapada del Horten. ¿De qué árbol provenían las finas capas? ¿Qué tipo de pegamento se había usado? ¿Cuántas láminas había apiladas una encima de otra?

Los restauradores sacaron una muestra diminuta de madera contrachapada del avión. La estudiaron con un potente microscopio. Ampliadas, las capas de madera alternadas eran fáciles de ver. En la muestra de madera contrachapada se veían tablas hechas con cinco láminas. Las láminas estaban apiladas una encima de otra y fijadas con una capa gruesa de pegamento.

El equipo de restauración necesitaba ir más allá y descubrir de qué tipo de árbol provenía la madera. Sabían que la mayor parte de la madera contrachapada alemana que se usó durante la guerra era de haya o de abedul. Cortaron un trozo muy delgado de madera de una sola lámina. Con un microscopio, observaron la estructura de la madera. Hallaron grupos compactos de **células** de color oscuro, lo cual era una pista certera de que la madera era de haya. Haciendo más trabajo de detective, el equipo halló los tipos de pegamento que se habían usado.

La pintura del cuerpo del Horten estaba astillada y descolorida.

corte transversal que muestra capas de pintura

50 μm

Medidas diminutas

A veces los restauradores tienen que medir cosas muy pequeñas, como las capas de pintura. Las pulgadas o los centímetros no son muy útiles para ese tipo de mediciones. Entonces, se usan los micrones (µm). Hay 1,000 micrones en 1 milímetro. Hay 10 milímetros en 1 centímetro. Las láminas que se usaron para hacer el Horten tienen unos 250 µm de grosor. Un solo cabello humano tiene unos 100 µm de grosor.

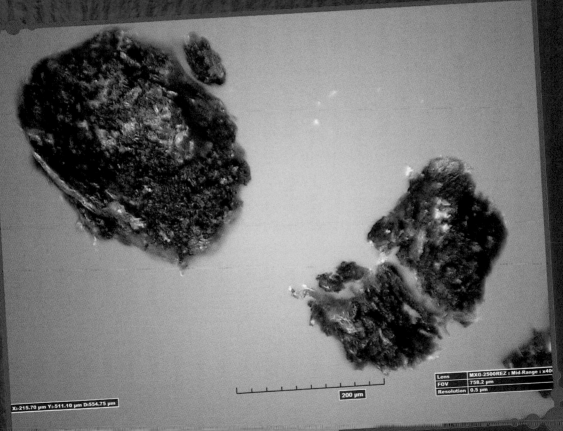

X:-215.70 µm Y:-511.10 µm D:554.75 µm

200 µm

Lens	MXG-2500REZ : Mid-Range : x40
FOV	758.2 µm
Resolution	0.5 µm

Este trozo de pegamento seco del avión tiene el tamaño de un grano de sal.

Una de las mayores preocupaciones del equipo era salvar la mayor cantidad posible de la madera del Horten. Vista con un microscopio, la madera parece un puñado de pajillas. Eso se debe a que las células de la madera tienen forma de tubo. El agua y los nutrientes recorren el árbol a través de esos tubos.

En una madera sana, las células tienen paredes gruesas y fuertes. A medida que la madera envejece, las paredes de las células se hacen más delgadas. Finalmente, las paredes son tan débiles que la madera se desintegra.

Los restauradores necesitaban lograr que las paredes de las células volvieran a ser gruesas. Para eso añadieron un consolidante. Esa herramienta de restauración penetró hondo en la madera. Se adhirió a las paredes de las células. Fortaleció las paredes. Parecía que la madera vieja volvía a ser joven.

Aplicar el consolidante fue un desafío. El equipo necesitaba asegurarse de que cada capa de madera tuviera la misma cantidad de consolidante. Las capas de pegamento que se usaron para hacer la madera contrachapada presentaban otro desafío para el equipo. El consolidante no podía pasar a través del pegamento.

La solución llevó mucho tiempo. Los restauradores usaron una aguja para inyectar el consolidante en cada capa de madera.

Esta fotografía muestra una sección de madera de haya vista con un microscopio especial.

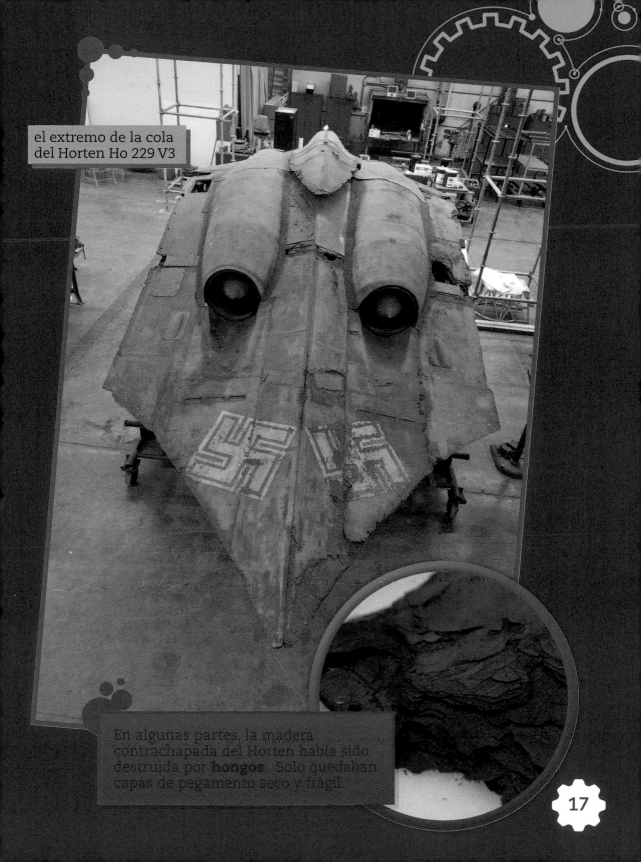

el extremo de la cola
del Horten Ho 229 V3

En algunas partes, la madera
contrachapada del Horten había sido
destruida por **hongos**. Solo quedaban
capas de pegamento seco y frágil.

Después de añadir el consolidante, llegó el momento de reemplazar los trozos grandes de madera que se habían podrido. El equipo de restauración enfrentó otro desafío. En cada capa de madera había que aplicar un parche ligeramente diferente. La madera faltante debía reemplazarse con una capa fina a la vez.

Los miembros del equipo trazaban la forma de la madera que faltaba en cada tabla. Cargaban la imagen en una computadora. Luego, cortaban una pieza que coincidiera usando un láser muy preciso guiado por la computadora.

El equipo pegó lo nuevo sobre lo viejo, capa tras capa. Fue como resolver el rompecabezas más complejo del mundo. Gran parte de la madera nueva, al igual que la vieja, era de árboles de haya alemanes. Quienes cuiden el avión en el futuro estarán agradecidos de que la madera sea la misma. Es importante porque la madera nueva se encogerá, se expandirá y sostendrá la pintura y el pegamento igual que la madera vieja.

Los huecos que quedaban se rellenaron con un tipo de **masilla** que tarda algunas horas en endurecerse. Si el agujero era muy grande, se ponía sobre la masilla una capa de madera de haya.

Estas prensas azules sostienen unas muestras de madera contrachapada mientras se secan unas muestras de resina.

Un cortador láser crea piezas que encajan con exactitud en una sección del Horten Ho 229 V3.

¿Cómo cortan los láseres?

Los láseres son rayos intensos de luz. En el caso de un cortador láser, esa energía se transfiere a la madera. Hace que la madera se caliente tanto que se evapora, es decir, se convierte en gas. Si el láser transfiriera menos energía, prendería fuego la madera en lugar de evaporarla.

El metal es esencial

Aunque la mayor parte del revestimiento del avión era de madera, cerca de los motores había áreas protegidas por metal. Con el tiempo, las abolladuras y los raspones hicieron que se levantara parte de la pintura protectora de ese metal. Por esas aberturas se filtró agua. Entonces, se formó óxido. A medida que el óxido se extendió, se salió más pintura, lo cual generó más óxido.

A veces parece que el óxido se formara encima del metal, casi como el musgo crece sobre una roca. Pero eso no es lo que sucede. En realidad, el metal mismo se transforma en óxido. Es una reacción química. Es imposible convertir el óxido de nuevo en metal.

La reparación del metal del Horten comenzó con una buena limpieza. Los restauradores usaron muchas de las herramientas de limpieza que solemos tener en casa. Con un cepillo quitaron el óxido suelto, así como la suciedad, el aceite y otras impurezas. Luego, pasaron una aspiradora potente por la superficie. A continuación, usaron agua y un jabón especial para limpiar el avión.

Los restauradores quitaron cuidadosamente el óxido más grueso con **bisturíes** y con cepillos de alambre. Y aplicaron un **ácido** que evita que se vuelva a formar óxido.

bisturí

Con un cepillo de alambre se quita cuidadosamente el óxido del metal.

Comprender el óxido

El óxido es el resultado de un proceso denominado oxidación. Eso ocurre cuando el metal queda expuesto al aire húmedo. Es un tipo de **corrosión**. Cuando algo se corroe, se vuelve más débil. Una vez que el metal se transforma en óxido, se queda así. El proceso no puede revertirse.

una parte del avión sumamente corroída

antes de la restauración

después de aplicar Paraloid

Las botellas plásticas de agua y los juguetes de LEGO® están hechos de **termoplástico**.

22

Con mucho trabajo, los restauradores quitaron el óxido del avión. También evitaron que se formara más óxido. Pero en algunas áreas el óxido había comido el metal. Para solucionar ese problema se necesitaban dedos habilidosos y una tecnología asombrosa.

El equipo cubrió los agujeros más pequeños con una tela fuerte, delgada y duradera. Pegaron la tela con un producto llamado Paraloid.

El Paraloid es un termoplástico. Los termoplásticos cambian de forma. Pueden pasar de líquido a sólido y, luego, de nuevo a líquido. Tienen un rol muy importante en la restauración.

Hay muchos tipos de Paraloid. El que se usó en el Horten se vende en forma de gránulos pequeños y duros. Cuando se mezclan con los productos químicos correctos, los gránulos se disuelven. El resultado es básicamente plástico en forma líquida. Puede usarse para pintar una superficie. Cuando se seca, es fuerte y flexible.

En el futuro, los restauradores quizá quieran quitar el Paraloid. El Paraloid es fácil de quitar. Con los productos químicos correctos, se convierte de nuevo en líquido. Luego, puede sacarse.

Se aplica Paraloid a una tela.

El equipo hizo algo parecido en las áreas donde el metal no tenía agujeros, pero estaba fino y débil. Se añadieron Paraloid y una capa de tela muy resistente para reforzar el metal frágil.

En algunos lugares, el óxido había dañado grandes cantidades de metal. Se necesitaba hacer algo diferente para solucionar ese problema. El proceso para llenar los huecos grandes comenzó con un producto llamado Varaform. A primera vista, el Varaform no parece algo muy raro. Es una **malla**. Parece un material para hacer artesanías. Pero el Varaform tiene termoplástico. Cuando se calienta, es blando. Puede moldearse. Cuando se enfría, es duro y resistente.

Los restauradores usaron Varaform para crear figuras que coincidieran con las áreas donde faltaban piezas grandes de metal. Con eso formaron una base para pegar la tela. Luego, pintaron la tela con Paraloid para formar una capa de plástico. Después, pintaron el plástico para que coincidiera con el resto del avión.

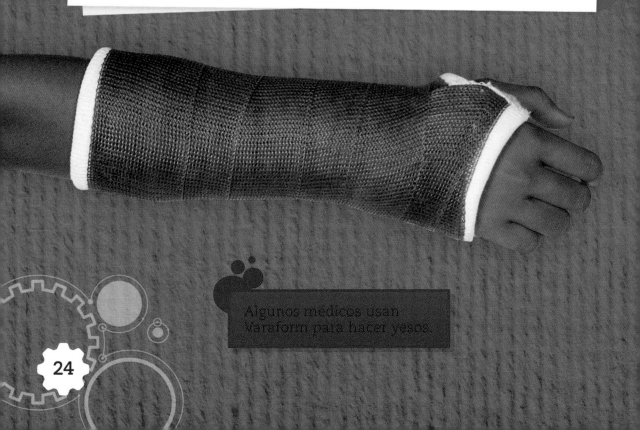

Algunos médicos usan Varaform para hacer yesos.

Esta pieza de metal del Horten tiene un agujero.

Se usó Varaform para cubrir el agujero y se pintó para que coincidiera con el resto del avión.

El palacio de los aviones

El Centro Udvar-Hazy alberga más de una centena de aviones. Se exhiben obras de arte, motores y hasta aviones de juguete. El museo incluso tiene un transbordador espacial y algunos satélites.

Cada objeto requiere del trabajo de los restauradores. Su trabajo nunca termina. Aun cuando están restaurados, los aviones siempre necesitan mantenimiento.

El equipo de restauración pasó dos años trabajando en el Horten Ho 229 V3. Más adelante, trabajarán en las alas del avión y las fijarán al cuerpo. Pero ahora deben salvar otros aviones.

Un millón de personas visitan el Udvar-Hazy cada año. Ven el Horten, así como dos planeadores construidos por los hermanos Horten. Los visitantes se maravillan con lo que hicieron los hermanos.

El trabajo que hacen los restauradores no es muy visible. No hay carteles con sus nombres. Pero los visitantes que saben del tema reconocen el buen trabajo que hacen los restauradores. Este palacio de aviones no sería posible sin ellos.

cuerpo y alas del Horten

el Horten (centro) junto con otros proyectos de restauración

Después de la guerra, Reimar Horten construyó un avión diseñado para transportar naranjas de las granjas a las grandes ciudades. Nunca llegó a ser producido.

DESAFÍO DE CTIAM

Define el problema

La tienda de regalos del Centro Udvar-Hazy quiere sumar un nuevo artículo que los visitantes puedan comprar para recordar el Horten Ho 229 V3 y todo el trabajo que se hizo para restaurarlo. El gerente de la tienda de regalos te ha pedido que crees un juguete interactivo. Tu tarea es construir una réplica del Horten Ho 229 V3 que pueda desarmarse y volverse a armar.

Limitaciones: No puedes usar partes fabricadas específicamente para aeromodelismo. Tu réplica debe caber en una caja de zapatos para que pueda ser exhibida en la tienda.

Criterios: La réplica de juguete debe incluir todas las características de diseño principales, de modo que pueda identificarse como un modelo a escala del Horten Ho 229 V3. Debe poder desarmarse en tres a cinco partes y volverse a armar.

1 Investiga y piensa ideas

¿Qué características tiene el Horten Ho 229 V3? ¿Cuáles son los materiales que tendrás en cuenta para tu modelo? ¿Qué partes del avión se retiraron para restaurarlo?

2 Diseña y construye

Bosqueja tu diseño de un nuevo juguete para la tienda del museo. Incluye las medidas de cada parte de tu modelo de avión. ¿Dónde se dividirá el avión? ¿Cómo se mantendrán unidas las partes? Construye el modelo.

3 Prueba y mejora

Para probar tu réplica, pídele a alguien que la desarme y vuelva a armarla. ¿Pudo hacerlo? ¿Qué le resultó difícil? Pídele que te dé su opinión. Modifica tu diseño y vuelve a ponerlo a prueba.

4 Reflexiona y comparte

¿Otros tipos de materiales darían resultados diferentes? ¿Cómo sería más fácil de usar el juguete? ¿De qué otra manera podrías hacer que el juguete fuera interactivo? Explica tus respuestas.

Glosario

ácido: una sustancia química con sabor agrio, como el ácido cítrico; puede ser tóxico y descomponer algunos materiales

bisturíes: herramientas filosas y precisas que se utilizan para cortar

células: estructuras pequeñas que están en todos los seres vivos; las unidades de vida más pequeñas

consolidante: en restauración, un producto que une sustancias blandas

corrosión: el proceso de descomposición o deterioro

duradera: que dura mucho

fuselaje: el cuerpo principal de un avión, donde van sentados los pasajeros

gránulos: objetos pequeños que parecen cuentas de collar

hongos: una familia de organismos que se alimentan de materia orgánica

horizontales: planos; de lado a lado

improvisar: arreglárselas; descubrir una solución creativa

inusual: poco común

malla: una estructura parecida a una red; un patrón de áreas sólidas y áreas vacías

masilla: un cemento suave

se adhirió: se unió con fuerza; se unió de forma permanente

se alterna: ocurre en una serie donde algo se hace de una manera una vez, se hace de otra manera la vez siguiente, y así sucesivamente

termoplástico: una familia de plásticos que pasan fácilmente de la forma sólida a la forma líquida

turbulencias: zonas de aire revuelto que generan movimientos violentos

vertical: erguido; que va desde arriba hacia abajo

Índice

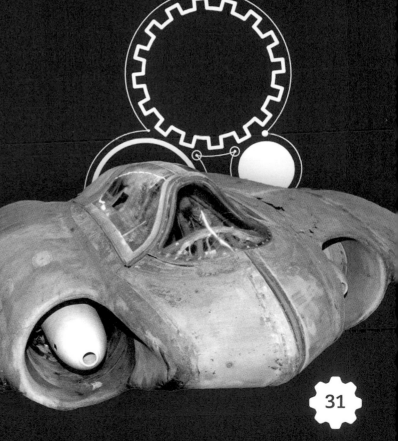

CONSEJOS PROFESIONALES
del Smithsonian

¿Quieres restaurar aviones antiguos?
Estos son algunos consejos para empezar.

"Ve a una venta de garaje o a una tienda de artículos usados para comprar algunos artículos antiguos. Trabaja con un adulto para restaurarlos usando diferentes cosas que tengas en casa. Haz una lista de los productos que funcionan mejor. La restauración sirve para preservar parte de la historia". —*Russ Lee, curador, Museo Nacional del Aire y el Espacio*

"Si quieres ser restaurador, necesitas una buena formación en historia. Pero también necesitas formación en ciencias, como química y física. Cuando ayudamos a restaurar el Horten, vimos lo avanzados que estaban los alemanes. Era fascinante, considerando las limitaciones de la madera contrachapada". —*Lauren Horelick, restauradora, Museo Nacional del Aire y el Espacio*